Bibliografische Information der Deutschen Nationalbibliothek:

Die Deutsche Bibliothek verzeichnet diese Publikation in der Deutschen National-
bibliografie; detaillierte bibliografische Daten sind im Internet über http://dnb.d-
nb.de/ abrufbar.

Impressum:

Copyright © 2016 GRIN Verlag, Open Publishing GmbH
Druck und Bindung: Books on Demand GmbH, Norderstedt Germany
ISBN: 9783668341135

Dieses Buch bei GRIN:

http://www.grin.com/de/e-book/342994/zur-gegenwart-der-deutschen-gesundheits-
politik-fallaufgabe

Dorothee Hintzke

Zur Gegenwart der deutschen Gesundheitspolitik. Fallaufgabe

GRIN Verlag

GRIN - Your knowledge has value

Der GRIN Verlag publiziert seit 1998 wissenschaftliche Arbeiten von Studenten, Hochschullehrern und anderen Akademikern als eBook und gedrucktes Buch. Die Verlagswebsite www.grin.com ist die ideale Plattform zur Veröffentlichung von Hausarbeiten, Abschlussarbeiten, wissenschaftlichen Aufsätzen, Dissertationen und Fachbüchern.

Besuchen Sie uns im Internet:

http://www.grin.com/

http://www.facebook.com/grincom

http://www.twitter.com/grin_com

Fallaufgabe Gesundheitswesen

Inhaltsverzeichnis

Dorothee Hintzke, Leipzig

zu Aufgabe 1 - Der Sachverständigenrat im Gesundheitswesen:
Zur Erleichterung der Urteilsbildung in der Wirtschaftspolitik wurde am 14.08.1963 das Gesetz über die Bildung eines Sachverständigenrates (SVR) zur Begutachtung der gesamtwirtschaftlichen Entwicklung erlassen. "Seine Ausführungen und Konzeptionen sind seitdem ein wesentlicher Bestandteil der wirtschaftspolitischen Diskussion in Deutschland und haben die politische Entscheidungsfindung merklich beeinflusst."(www.Sachverstaendigenrat-wirtschaft.de/über uns/Aufgaben und Organisation (18.05.2016)) Die Einzelaufgaben des SVR bestehen neben der Darstellung der wirtschaftlichen Lage und deren absehbarer Entwicklung u.a. im Aufzeigen der Ursachen von aktuellen und potenziellen Spannungen zwischen der gesamtwirtschaftlichen Nachfrage und dem gesamtwirtschaftlichen Angebot sowie von Fehlentwicklungen und Möglichkeiten zu deren Vermeidung und Beseitigung. (www.sachverstaendigenrat-wirtschaft.de/über uns/Aufgaben und Organisation (18.05.2016)). Eine weitere Gesetzesgrundlage für die Tätigkeit des SVR bildet der § 142 SGB V seit dem 01.01.2004 (SVR, 2009, S. 527).

Susanne Cassel (2003, S. 7) diskutiert in einem Artikel über wissenschaftliche Politikberatung im Gesundheitswesen die Diskrepanz zwischen Bürgerinteressen und Politikerbestreben. Gleichzeitig stellt sie die Schwierigkeit dar, erfolgte Beratung effizient in die Tat umzusetzen, wobei die Wahrscheinlichkeit hierfür mit zunehmender Komplexität abnehmen würde (S. 9). Nachweise für einen positiven Wirkungszusammenhang seien aus der wissenschaftlichen Qualität der Analysen und adressatengerechten Gestaltung sowie aus der Relevanz der Themen für Politik und Öffentlichkeit ableitbar (S. 10). Die Gutachten enthielten ordnungspolitische Analysen des Gesundheitswesens, verbunden mit Vorschlägen für strukturelle Reformen des GKV-Systems und könnten nur von Experten verstanden werden. (S. 12). Susanne Cassel sowie der Präsident des Bundesverfassungsgerichtes Hans-Jürgen Papier (2003, zitiert nach Cassel, 2003, S. 13) kritisieren unabhängig voneinander die überproportionale Bedeutung des verhältnismäßig kleinen Rates in Relation zum stark reduzierten Mitsprache- und Entscheidungsrecht der Allgemeinheit. Großen Einfluss hätten laut Cassel jedoch Interessenverbände wie Pharmaindustrie, organisierte Ärzteschaft und Krankenkassen.

Der SVR besteht aus fünf Mitgliedern, welche besondere wirtschaftswissenschaftliche Kenntnisse und volkswirtschaftliche Erfahrungen besitzen. Diese werden jeweils für einen Zeitraum von fünf Jahren vom Bundespräsidenten auf Vorschlag der Bundesregierung berufen. Wiederberufungen sind zulässig. Der Vorsitzende des SVR wird durch die Mitglieder für eine Dauer von drei Jahren gewählt. Unterstützung findet der Rat durch einen wissenschaftlichen Stab unter der Leitung eines Generalsekretärs. Beschlüsse ergehen gemäß § 8 SachvRatG durch Zustimmung von mindestens drei Mitgliedern. Die Mitglieder des SVR dürfen nicht der Regierung oder einer anderen gesetzgebenden Körperschaft des Bundes, Landes oder sonstigen juristischen Person des öffentlichen Rechts angehören. Es existieren weitere spezielle Anforderungen und eine Geschäftsstelle für organisatorische und statistische Aufgaben beim Statistischen Bundesamt in Wiesbaden. Der SVR erstellt ein Jahresgutachten, Sondergutachten bei Bedarf und zusätzlich seit 2005 Expertisen zu ausgewählten Themen im Auftrag der Bundesregierung. (www.sachverstaendigenrat-wirtschaft.de (18.05.2016))

Der SVR kann aufgrund der Qualität seiner Mitglieder und Publikationen als vertrauenswürdige Quelle angesehen werden.

zu Aufgabe 2 - Gesundheitsausgaben Deutschland 1992 - 2014:

Jahre	Ausgaben Gesamt in €	Anteil am BIP in %
1992	159.966	9,4
1998	201.439	10,0
2010	290.252	11,2
2014	327.951	11,2

(www.destatis.de/Gesundheitsausgaben2010/23611-0001Gesundheitsausgabenrechnung(18.05 .2016))

Wenn man die Gesundheitsausgaben der Jahre 1992 bis 2014 - wie oben dargestellt - betrachtet, stellt man fest, dass diese sich im genannten Zeitraum verdoppelt haben. Der jeweilige Anteil am deutschen Bruttoinlandsprodukt beträgt 9,4 bis 11,2%. Im Zeitraum 2000 bis 2010 ist eine jährliche Steigerung der Gesundheitsausgaben um jeweils ca. 3% zu verzeichnen - und im weiteren Verlauf 1,9%, 2,3%, 4,0% und 0%. Da die Kostenzunahme kontinuierlich erfolgt, ist der Begriff Kostenexplosion eher unzutreffend. Die Gesundheitsausgaben umfassen derzeit sämtliche Güter und Leistungen mit dem Ziel der Prävention, Behandlung, Rehabilitation und Pflege, die Kosten der Verwaltung sowie Investitionen der Einrichtungen des Gesundheitswesens. Die Aufwendungen für die Forschung und Ausbildung im Gesundheitswesen, sowie Ausgaben für krankheitsbedingte Folgen - zum Beispiel Leistungen zur Eingliederungshilfe - und Einkommensleistungen wie die Entgeltfortzahlung im Krankheitsfall sind darin nicht enthalten. Die Angaben zur Gesundheitsausgabenrechnung, welche international vergleichbar sein sollte, unterscheidet sich deshalb deutlich von den realen Ausgaben der einzelnen Sozialversicherungsträger, insbesondere von den Ausgaben der gesetzlichen Krankenversicherung, d.h. diese sind höher als in der Tabelle angegeben. (www.destatis.de/Gesundheitsausgaben2010(18.05.2016)) Die Definition zur Kostenexplosion kann man im Gabler Wirtschaftslexikon 2014 online nachlesen, die Prof. Dr. Martin Werding und Prof. em. Dr. Gerhard Kleinhenz als populären Begriff der Kostenentwicklung im Gesundheitswesen beschreiben. "Mit Kostenexplosion ist gemeint, dass die Kosten des Gesundheitswesens seit langem schneller steigen, als es der Wachstumsrate des Nationaleinkommens oder der Wachstumsrate der beitragspflichtigen Einnahmen der Mitglieder entspricht. Dies wird besonders am Beitragssatz zur gesetzlichen Krankenversicherung deutlich." Die Ursachen hierfür seien gestiegene Arbeitslosigkeit und sinkende Lohnquote, demographische Alterung, medizinisch-technischer Fortschritt sowie Ineffizienzen, die z.B. auf die asymmetrische Arzt-Patienten-Beziehung und moral hazard zurückzuführen wären. Zudem wird die Kostenentwicklung in den Erklärungen des Statistischen Bundesamtes mit neuen

Gesetzlichkeiten wie Krankenhausfinanzierungsreformgesetz (2009) und Pflegeweiterentwicklungsgesetz (2008) begründet. (www.destatis.de/Gesundheitsausgaben2010(18.05.2016))

zu Aufgabe 3 - Rationalitätenfalle:

Die Ursache der Rationalitätenfalle im Gesundheitswesen besteht nach Herder-Dorneich (1982, Abstract und S. 50-53) darin, dass die Bürger aufgrund der Zwangsabgaben die Mitgliedschaft in ihrer Krankenversicherung maximal ausnutzen würden, damit die gezahlten Beiträge nicht zu sehr anderen zugute kommen und dadurch aber die Gesamtkosten, der Arbeitsaufwand der Krankenkassen sowie wiederum die Beiträge steigen und sich daraus resultierend erneut das Anspruchsdenken der Bürger maximiert. Der Kreislauf beginne dann von vorn und schaukele sich in einer Endlosspirale nach oben auf. Dies sei den Mitgliedern jedoch nicht bewusst; die Individuen würden annehmen, dass ihre eigene zusätzliche Inanspruchnahme der Versorgung lediglich geringen Einfluss auf die Beitragshöhe habe. Deswegen sei es ökonomisch rational, auch bei erweiterten Umlagen den Konsum weiter auszudehnen. Hierdurch käme es zu einer Explosion der Gesamtkosten des Systems. Der Autor bezeichnet das Phänomen als Expansionspfad oder kumulativen Prozess. Die Rationalitätenfalle sei genaugenommen der Konflikt zwischen Sparbestreben und Streben nach maximaler Ausnutzung des Beitragszwanges. Die selbst nicht genutzten Versicherungsbeiträge werden für andere Individuen verwendet, die für die Kostensteigerung verantwortlich seien. Da man ohnehin nichts dagegen tun könne, gönne man sich die bestmögliche Versorgung nach geschätztem eigenen Ermessen. Das Individuum sei zwischen zwei einander entgegenlaufenden Rationalitäten gefangen. Die Rationalitätenfalle ließe sich in dem Moment aufbrechen, wo es gelinge, eine der beiden Rationalitäten moralisch abzuwerten und damit zu unterdrücken (Herder-Dorneich, 1982, S. 31).

Hartmut Reiners (2006) beschreibt die Entwicklung der Ausgaben im Gesundheitswesen. Noch Mitte der 60er Jahre seien mehr finanzielle Mittel für das Krankengeld als für die Krankenhausbehandlung verwendet worden. Heute (2006) würden 90% der Ausgaben in Sach- und Dienstleistungen investiert (S. 7). Der Autor beschreibt die zunehmende Ökonomisierung des Gesundheitswesens sowie mit Hilfe anderer Autoren die Probleme, die sich hieraus ergeben (S. 7ff.). Da das Auftreten von Krankheit und deren Therapiebedürftigkeit nicht kalkulierbar seien, erklärte er den freien Wettbewerb für schwierig sowie den notwendigen Risikoausgleich für unmöglich (S. 13). Dies würde unterstützt durch die Tatsache der Versicherung von Erwerbstätigen sowie von chronisch kranken, nicht oder nur eingeschränkt Erwerbsfähigen (S. 27). Reiners (S. 16) vermutet ebenfalls eine Überinanspruchnahme der medizinischen Versorgungsleistungen, bezweifelt jedoch die moral hazard-These, da mit der Nutzung auch Schmerzen und andere unangenehme Einschränkungen verbunden sein können. Moral hazard nach Pauly (1968) beschreibt das Risiko absichtlicher Brandstiftung oder fahrlässigen

Verhaltens der kollektiv Versicherten und wurde primär in der amerikanischen Feuerversicherung beobachtet. Moral hazard bzw. die Rationalitätenfalle existiere bei einer kollektiven Zwangsabsicherung (Reiners, 2006, S. 14). Hingegen bestehe bei einer freiwilligen Mitgliedschaft wie sie in Deutschland vor Bismarck (1883) vorhanden gewesen sei (Herder-Dorneich, 1982, S. 83), das Risiko des Trittbrettfahrens durch nichtzahlende Bürger zu Lasten anderer, Abgaben leistender Versicherter (Reiners, 2006, S. 14). Dies führe nach Philipp Herder-Dorneich (1982, S. 51) zu einem kumulativen Prozess nach unten bis hin zum Zusammenbruch des Systems, da sich das Bestreben der Inanspruchnahme nicht von dem der Kollektivversicherten unterscheide. Immer mehr Individuen würden versuchen, sich durch Trittbrettfahren - Konsum ohne Kosten - Vorteile zu verschaffen. Die Versorgung gehe dann mangels Mitteln zurück, schließlich breche sie ganz zusammen. Die Reduktion der systematischen Überinanspruchnahme in beiden Systemen könne in einer Selbstbeteiligung bestehen, die empirisch belegt jedoch dazu führe, dass Arztbesuche nicht mehr rechtzeitig erfolgen. Hierdurch steige wiederum das gesundheitliche Risiko, dass Erkrankungen erst im fortgeschrittenen Stadium erkannt werden und nachfolgende Behandlungskosten erst recht hoch ausfallen. Gleichzeitig habe es eine signifikante Abnahme der Inanspruchnahme von Vorsorgeuntersuchungen bei festgelegter Selbstbeteiligung gegeben. Selbstbeteiligungen seien deshalb nur dann gesundheitspolitisch rational, wenn sie zu einer Verbesserung der Allokation von Ressourcen im Gesundheitswesen beitragen (Reiners, 2006, S. 16/17).

Das Gesundheitswesen sei ein grundsätzlich von Anbietern dominierter Wirtschaftszweig (Reiners, 2006, S. 18). Während nach Reiners (S. 23) das moral hazard-Verhalten bei den Versicherten nicht wirklich relevant sei, habe es bei den Kassenärzten eine solide empirische Basis. Das System der Vergütung durch die Kassenärztlichen Vereinigungen provoziere eine Art Hamsterradeffekt, welcher in einem Wechselspiel zwischen Mengenausweitung und sinkender Vergütung pro Leistung bestehe. Kopfpauschale, Honorarverteilung, Budgetierung und nachträgliche Faktorenberechnung bedeuten weitere nichtkalkulierbare Risiken und damit Unsicherheit für die Ärzte. Diese würden nachfolgend mehr medizinische Leistung an noch mehr Patienten verrichten, die Gesamtkosten des Systems steigern und damit die anteilige Vergütung der Honorarverteilung bei gleichem Budget absenken (S. 23). Deshalb regulieren die Ärzte gegen, indem sie die Anzahl der Sprechstunden sowie die ihrer Patienten reduzieren, um das Verhältnis von Punktwert und Leistungsmenge in Einklang mit dem Praxisbudget zu bringen. Hierdurch sind jedoch die Patienten verärgert und der Sicherstellungsauftrag der Kassenärztlichen Vereinigung gefährdet. Dies hat die Bedeutung einer weiteren Rationalitätenfalle. (Herder-Dorneich, 1982, S. 84; Reiners, 2006, S. 24)

Nach Herder-Dorneich bestehe der Sozialstaat aus Ketten von Rationalitätenfallen, wobei die Auflösung einer Rationalitätenfalle meist zur Entstehung einer anderen führe. Zur Lösung dieses Problems bedarf es jedoch intelligenter komplexer Ideen und Werkzeuge, die vermutlich eine Änderung des bisherigen Strukturprinzipes zur Folge haben würden (Herder-Dorneich, 1982, S. 78-80)

zu Aufgabe 4 - Steigende Gesundheitsausgaben und alternde Bevölkerung:

Das zentrale Argument beider Artikel besteht in der Aussage, dass zwar steigende Gesundheitsausgaben im Zeitraum 2008 bis 2011 zu verzeichnen sind, dies auch prognostisch bis 2030 so vorausgesagt wird, dass diese Zunahme der Kosten aber nicht unbedingt kausal auf die zunehmende Lebenserwartung der Bevölkerung zurückgeführt werden kann. Die Autoren wollen die Hypothese widerlegen, dass das längere Altern der Bevölkerung für die Kostenexplosion im Gesundheitswesen verantwortlich sei. Hierzu verwenden Zweifel, Felder und Werblow (2004) sowie Protschka (2011) Krankenversicherungsdaten zu Sterbefällen und regulären Entlassungen nach Behandlungen im stationären Bereich (Zweifel, 2004, Abstract; Protschka, 2011, S. 1883).

Johanna Protschka bezieht sich auf altersassoziierte veröffentlichte statistische Daten einer Referentin für Gesundheitsstatistik beim Statistischen Bundesamt aus dem Jahr 2011. Es sind jeweils die durchschnittlichen Kosten bei Sterbefällen sowie bei im selben Altersbereich behandelten regulär entlassenen Patienten aufgelistet. Die Einteilung erfolgte in sechs voneinander verschiedene Altersgruppen. Am Beispiel der Kinder bis 14 Jahre ergab sich ein Betrag von 20.430€ für die Sterbefälle und eine Summe von 2.490€ für die Behandlungen aller regulär Entlassenen. Im Vergleich hierzu erfolgte die Auflistung der zugehörigen Ausgaben bei 65- bis 84jährigen mit 9.050€ bei den Verstorbenen und 4.160€ bei den überlebenden regulär entlassenen Patienten. Zumindest für den stationären Bereich kommt Manuela Nöthen als Referentin des Statistischen Bundesamtes (Protschka, 2011) zu dem Ergebnis, dass eine alternde Gesellschaft nicht zu einer Kostenexplosion führt. Die Studie berücksichtigt allerdings weder den Bereich der Pflege noch das in Zukunft problematisch werdende Verhältnis zwischen Einnahmen und Ausgaben. An dieser Stelle sieht Nöthen einen gesonderten Analysebedarf. In beiden Statistiken - zu 2008 und zu 2011 - vermisst man als Leser die Fallzahlen, die Behandlungsarten, die Behandlungsdauer. Auch ist einem als Arzt bekannt, dass Behandlungen im Kindesalter wie in Neonatologie und Kinderchirurgie sehr kostenintensiv sein können - wie auch intensivmedizinische Therapien von Kindern und Jugendlichen - während viele ältere Menschen mit Herz- und Nierenerkrankungen austherapiert, inoperabel bzw. ohne Transplantationschance sind. Allerdings besteht hier vermutlich der größere Aufwand im Pflegebereich der älteren Generation mit assoziierten ambulanten Therapien. Für die Aussage zum Gesamttrend wäre es zudem erforderlich, alle Ausgaben zu ambulanten diagnostischen und therapeutischen Maßnahmen, zu Kuren und Rehabilitationen, zu juristisch beauftragten Unterbringungen, zu Kosten von Notarzteinsätzen, Kosten von Einsätzen des Kassenärztlichen

Notfalldienstes und Krankentransporten sowie die jeweiligen altersbezogenen Gesamtkosten aufzuführen, da sich die Vermutung auf die Zunahme der Anzahl Älterer bezieht und nicht auf die Durchschnittskosten pro Fall. In der Diskussion zum Artikel wird außerdem erwähnt, dass nicht das Alter entscheidend ist, sondern die Behandlungszeit (bis zum Tod). Im Artikel wird weiterhin festgestellt, dass die meisten Studien, die auf Krankenversicherungsdaten basieren, zu dem Schluss kommen, dass der größte Teil der lebenslangen Krankheitskosten im letzten Jahr vor dem Tod entsteht. Die durchschnittlichen Kosten eines Sterbefalls seien bei Kindern bis 14 Jahre 8.2mal so hoch wie bei einer regulären Entlassung und bei jüngeren Erwachsenen bis 29 Jahre 7.5mal so hoch wie bei einer regulären Entlassung. Im Alter würden die Kosten bei den Sterbefällen zwar stark zurückgehen, jedoch bei den regulär Entlassenen ansteigen. Die Autorin teilt mit, dass die Kosten für Krankenhausbehandlungen im Sterbefall mehr als doppelt so hoch seien wie bei einer regulären Entlassung - unabhängig vom Alter des Patienten. Die Krankheitskosten im stationären Bereich seien auch deshalb so hoch, da sich fast 50% der Sterbefälle in der Klinik ereignen würden. (Protschka, 2011).

In die Vorausberechnung bis 2030 bezieht Frau Nöthen (Protschka, 2011) die Krankheitskostenrechnung, die Sonderauswertungen der fallpauschalenbezogenen Krankenhausstatistik und die Vorausberechnung der Krankenhausfälle des Bundes und der Länder ein. Sie verwendet zwei Szenarien - das Status-quo-Szenario und das Kompressions-Szenario. Bei erstem bleiben alle Bedingungen bis auf die demographische Entwicklung konstant. Beim zweiten Szenario wird angenommen, dass sich das Morbiditätsrisiko parallel zur steigenden Lebenserwartung in ein höheres Lebensalter verschiebt, weil der Mensch einen Zugewinn an gesunden Lebensjahren habe. Beide Modelle seien Ableitungen eines moderaten Zuwachses an Behandlungskosten der Altersgruppe ab 65 Jahren. Aus dem Kompressionsszenario resultiere ein Zuwachs von 5% auf 69.8 Mrd € in 2030 im Vergleich zu 66.7 Mrd € Gesamtkosten in 2008. Mit der Anwendung des Status-quo-Szenarios errechnet die Referentin eine Steigerung um 13% auf 75.5 Mrd €. Dies sei bei weitem keine Kostenexplosion, obwohl der Anteil der Älteren an den Sterbekosten steige. Der Kostenanteil der Altersgruppe ab 65 am Gesamtvolumen wachse in beiden Szenarien übereinstimmend von rund 49% pro Jahr (2008) auf 59% pro Jahr (2030). Dies sei aber auch kein überdimensionaler Zuwachs.

Der zweite Artikel zur Fallaufgabe von Zweifel, Felder und Werblow aus dem Jahr 2004 beschäftigt sich mit internationalen Daten zu Gesundheitsausgaben bei Sterbefällen und überlebenden regulär entlassenen Patienten. Diese zusammenfassende Darstellung bezieht sich auf Statistiken von Krankenkassen der Schweiz, der USA, der OECD-Länder sowie Israels.

Im Abstract des in englischer Sprache verfassten Textes wird erwähnt, dass die allgemeine Annahme, dass die durchschnittlichen Gesundheitsausgaben mit dem Alter steigen, Experten dazu verführt hatte, zu schlussfolgern, dass das Altern der Bevölkerung den größten Einfluss auf die Gesundheitskosten hat. Diese Vermutung wollen Zweifel, Felder und Werblow widerlegen. Es wird zusammenfassend dargestellt, dass die Gesundheitsausgaben in den USA keine empirische kausale Korrelation zwischen Alter der Population und Anstieg des HCE (Health Care Expenditure) ergeben. Auch die verwendeten OECD-Daten von Getzen (1992) und Barros (1998) finden keinen Effekt des Alters auf die Höhe des HCE (Zweifel, 2004, S. 13). Wird die erklärende Variable "Nähe zum Tod" in die Untersuchung eingeschlossen, ist das Alter ebenso statistisch insignifikant unter der Annahme, dass die positive Relation zwischen Alter und Durchschnitts-HCE die hohen Sterbekosten und die hohe Sterberate in hohem Alter reflektiert. Lubitz und Riley (1993) sowie Hogan et. al. (2001) berichten, dass Medicare-Rechnungen für Verstorbene ca. 6 - 7 mal höher waren als die Kostenrechnungen für die Behandlung der Überlebenden. Unter Verwendung von Daten einer Schweizer Krankenversicherung bestätigen dies auch Felder et. al. (2000). Zweifel et. al. (1999) halten die Fokussierung auf das Altern der Bevölkerung in Relation zu steigenden Gesundheitsausgaben für ein Ablenkungsmanöver bezüglich anderer möglicher verursachender Faktoren (Getzen, Barros, Lubitz, Riley, Hogan, Felder & Zweifel zitiert in Zweifel, 2004, S. 13/14).

Nach der Analyse von Gesundheitsausgaben in Form des Health Care Expenditure (HCE) sind sich die Autoren sicher, dass das Alter keinen signifikanten Einfluss auf die zukünftigen Gesundheitsausgaben hat. Dabei sind aber einige Schwächen in der Methodologie nachweisbar. Dieser Artikel berücksichtigt dies und präsentiert hierzu neue empirische Beweise (Zweifel, 2004, Abstract). Er präsentiert u.a. Daten zu Beobachtungen der Gesundheitsausgaben von Verstorbenen über 24 Monate (23 Monate, wenn lediglich der Monat des Sterbens, aber nicht der Todestag bekannt war) im Jahr 1999 bis zu deren Tod und von so genannten survivors über maximal 42 Monate (S. 9) bis zum 30.06.2003 im Vergleich. Das Durchschnittsalter der Verstorbenen beträgt 77 Jahre während das Durchschnittsalter der Überlebenden 43 Jahre aufweist (S. 3/4). Die Ergebnisse bestätigen, dass es keinen signifikanten Alterseffekt auf das HCE in der beobachteten Behandlungszeit bei den Verstorbenen gibt. Aber der Einfluss des Alters bei den so genannten survivors lässt sich nicht verleugnen (Abstract). Die Untersuchungen beziehen sich meist auf die Höhe der Wahrscheinlichkeit eines positiven HCE. Dabei kann in den Monaten eins bis zwölf vor dem Tod eine höhere Wahrscheinlichkeit eines positiven HCE im Vergleich zu Monat 20 vor dem Tod gefunden werden. Hierbei sind die Alterskoeffizienten signifikant in Bezug auf die

Wahrscheinlichkeit eines positiven HCE, so dass ein höheres Lebensalter die Wahrscheinlichkeit eines positiven HCE fördert (S. 5/6). Es werden einige statistische Kennziffern und die Verletzung statistischer Regeln diskutiert. Die Autoren schlussfolgern jedoch im Anschluss: "However, all age-related variables continue to be insignifikant." - Wie auch immer - alle altersbezogenen Variablen bestätigen die fehlende Signifikanz. Die Gründe hierfür sind zahlreich und gipfeln in einer Multikollinearität der Regressionsanalyse (S. 8). Insgesamt kann man zum Artikel sagen, dass die auf den Seiten 5 bis 9 verwendeten Tabellen und statistischen Angaben für Außenstehende so nicht verwertet werden können, da keine Erklärung zu den Bezeichnungen gegeben wird. Es wird jedoch bemerkt, dass die in der Beobachtungszeit verstorbenen Individuen eine massiv höhere Wahrscheinlichkeit eines positiven HCE haben (S. 9). Dies ist natürlich logisch, da insbesondere bei allen stationären Patienten alles dafür getan werden muss, dass diese überleben bzw. gesund werden. Das Krankenhaus ist nicht zum Sterben da. Interessanterweise ist bei Individuen mit einer Krankenhauszusatzversicherung eine größere Wahrscheinlichkeit eines positiven HCE nachweisbar, jedoch nicht notwendigerweise ein erhöhtes HCE-Level (S. 9). Personen mit anderen Versicherungen weisen zwar ebenso eine erhöhte Wahrscheinlichkeit eines positiven HCE auf, haben aber im Vergleich ein niedrigeres HCE-Level. Eine Unterdrückung des 'moral hazard'-Effektes komme durch höhere Zuzahlungen zustande und sei sowohl mit einer im Vergleich niedrigeren Wahrscheinlichkeit eines positiven HCE als auch mit einem niedrigeren resultierenden HCE-Level assoziiert (S. 10). Dabei kann anhand der Schweizer Daten ergänzend festgestellt werden, dass ca. 1/5 der Verstorbenen höhere Zuzahlungen vereinbart hatten wie ca. 1/3 der survivors (S. 4).

Nach weiterer statistischer Bearbeitung ist es den Autoren nicht möglich, einen signifikanten kombinierten Effekt über eine große Altersspanne unter den Verstorbenen zu finden. Lediglich im Alter weit über 80 Jahre wirkt sich ein zusätzliches Jahr in Form eines HCE-Anstieges aus; dieser Effekt ist jedoch ausschließlich bei den Frauen signifikant (S. 10). Das HCE der Verstorbenen unterscheidet sich im Alter von 30 Jahren mit einer Ausprägung von 4 deutlich vom HCE von 2.5 im Alter von 95 und ist dabei kontinuierlich fallend bis hin zu einer reduzierten Intensität medizinischer Behandlungen in höherem Alter (S.   11).

In der Zusammenfassung zeigen die verwendeten US-, Schweizer und Israelischen Daten eine negative Korrelation bzw. einen negativen Altersgradienten für ältere Patienten, d.h. vermutlich sogar abnehmende Gesundheitsausgaben mit steigendem Alter. Unter den Überlebenden ist jedoch der kombinierte Alterseffekt, d.h. der Effekt aller altersassoziierten Daten auf das HCE bei Männern über 60 und bei Frauen über 50 signifikant positiv. 1999 z.B. lässt sich zeigen, dass Männer, die 42 Monate überlebten, mit 30 ein HCE von 3.540 Schweizer Franken aufwiesen und aber Männer, die zu diesem Zeitpunkt 95 waren, ein HCE von 7.440 Schweizer Franken. Die Wahrscheinlichkeit eines positiven HCE ist bei den verstorbenen Patienten höher als bei den survivors - 0.9 versus 0.65 - mit einem leichten altersabhängigen Anstieg (S. 11).

Zum ersten Mal könne dargestellt werden, dass die Gesundheitsausgaben für junge Verstorbene höher seien als für ältere Menschen. Es wird zudem von einem Bias - einer Verzerrung - der Daten durch hohe Sterbekosten geschrieben. Diese werden als solche zwar für Patienten jünger als 30 versus Patienten älter als 30 Jahre prozentual dargestellt, sind jedoch nicht genau definiert (S. 12). Dies gilt auch für die Darstellung der so genannten Sterbekosten durch Manuela Nöthen bzw. Johanna Protschka (2011, S. 1883).

Während die Studie altersabhängige Variablen als signifikant zur Erklärung des HCE bei den survivors belegt, ist der Alterseffekt auf das aggregierte HCE viel geringer, wenn die Zeit bis zum Tod bezüglich des HCE kontrolliert wird (S. 14).

Auch in der statistischen Ausführung von Manuela Nöthen (Protschka, 2011) steigen die Durchschnittskosten pro Patient bei den regulär entlassenen Patienten mit zunehmendem Alter. Es existiert jedoch hierzu bei Nöthen keine Berechnung der statistischen Signifikanz und auch keine Angabe der Anzahl der Patienten bzw. der Gesamtausgaben pro Altersstufe.

Abschließend muss festgestellt werden, dass die Vermutung steigender Gesundheitsausgaben verursacht durch die erhöhte Lebenserwartung der Bevölkerung aufgrund der vorliegenden Datenanalyse weder bestätigt noch ausgeschlossen werden kann. Die Daten liegen weitgehend unvollständig vor, die Anzahl der Patienten ist bei der Berechnung nicht berücksichtigt worden und die als Sterbekosten bezeichneten Daten sind nicht genau definiert, so dass diese auch nicht ohne weiteres statistisch ausgeschlossen werden können.

Literaturverzeichnis

Fallaufgabe Wissenschaftliches Arbeiten

Barros (1998) zitiert in Zweifel (2004): Population ageing and...(siehe dort).

Cassel, S. (2003): Erfolgsbedingungen wissenschaftlicher Politikberatung am   Beispiel   des Gesundheitswesens. G+G Wissenschaft, 3 (4): 7-14.

Felder (2000) zitiert in Zweifel (2004): Population ageing and...(siehe dort).

Getzen (1992) zitiert in Zweifel (2004): Population ageing and...(siehe dort).

Herder-Dorneich, Ph. (1982): Der Sozialstaat in der Rationalitätenfalle. Stuttgart: Kohlhammer.

Hogan (2001) zitiert in Zweifel (2004): Population ageing and...(siehe dort).

Lubitz & Riley (1993) zitiert in Zweifel (2004): Population ageing and...(siehe dort).

Pauly, M. V. (1968): The economics of moral hazard. The American Economic   Review, 58 (3): 531-537.

Protschka, J. (2011): Demografischer Wandel - Längeres Leben, horrende Kosten. Deutsches Ärzteblatt, 108(37): A-1883.

Reiners, H. (2006): Der Homo oeconomicus im Gesundheitswesen. Berlin: WZB.

Sachverständigenrat für Wirtschaft (2010): http://www.sachverstaendigenrat-wirtschaft.de/index.html. (18.05.2016).

Sachverständigenrat zur Begutachtung der Entwicklung im Gesundheitswesen (2009): Sondergutachten 2009 Bd. I und II. Baden-Baden: Nomos.

Statistisches Bundesamt (2016): http://www.destatis.de/Gesundheitsausgaben 2010/23611-0001Gesundheitsausgabenrechnung.de (18.05.2016).

Zweifel (1999) zitiert in Zweifel (2004): Population ageing and...(siehe dort).

Zweifel, P., Felder, S. & Werblow, A. (2004): Population ageing and health care expenditure: New evidence on the 'red herring'. Magdeburg: Otto-von- Guericke-Univ.